AF438788

LA PHOTOGRAPHIE EN BALLON,

PAR

GASTON TISSANDIER.

AVEC UNE ÉPREUVE PHOTOGLYPTIQUE DU CLICHÉ OBTENU
PAR MM. GASTON TISSANDIER ET JACQUES DUCOM, A 600 MÈTRES AU-DESSUS
DE L'ILE SAINT-LOUIS, A PARIS,

ET 8 FIGURES DANS LE TEXTE.

PARIS,

GAUTHIER-VILLARS, IMPRIMEUR-LIBRAIRE
DE L'ÉCOLE POLYTECHNIQUE, DU BUREAU DES LONGITUDES.
Quai des Augustins, 55.

1886

ANNALES DE LA PHOTOGRAPHIE.

MANUEL

DU

TOURISTE PHOTOGRAPHE,

PAR

LÉON VIDAL,

Officier de l'Instruction publique, Professeur à l'École nationale des Arts décoratifs.

DEUX VOLUMES IN-18 JÉSUS, AVEC NOMBREUSES FIGURES DANS LE TEXTE ET UNE PLANCHE. — PRIX : **10** FR.

On vend séparément :

Ire PARTIE : *Couches sensibles négatives. — Objectifs. — Appareils portatifs. — Obturateurs rapides. — Pose et Photométrie. — Développement et fixage. — Renforçateurs et réducteurs. — Vernissage et retouche des négatifs*; 1885.................................... 6 fr.

IIe PARTIE : *Impressions positives aux sels d'argent et de platine. — Retouche et montage des épreuves. — Photographie instantanée. — Appendice indiquant les derniers perfectionnements. — Devis de la première dépense à faire pour l'achat d'un matériel photographique de campagne, et prix courant des produits les plus usités*..... 4 fr.

Extrait de la Préface.

Ce *Manuel*, son nom l'indique, ne prétend pas être un Traité de Photographie : il est destiné simplement à fournir aux amateurs de photographie, de même qu'aux savants excursionnistes et aux missionnaires scientifiques, les données principales en vue des reproductions photographiques qu'ils peuvent avoir à exécuter, soit en cours de voyage, soit à domicile.

Un Manuel de ce genre était à créer, car il n'existe aucun Ouvrage aussi complet, parmi ceux qui ont été publiés jusqu'ici, pour servir de guide, dans les voies actuelles, aux touristes photographes.

La première Partie de ce Manuel opératoire s'occupe plus spécialement des couches sensibles, des appareils et des impressions négatives. Encore n'est-elle pas complète en ce qui concerne cette catégorie d'opérations dont on trouvera la suite dans la deuxième Partie, en même temps que tout ce qui a trait au matériel et aux procédés relatifs aux impressions positives.

Ces deux volumes font donc un ensemble inséparable, si l'on désire trouver réponse au plus grand nombre de questions pratiques qui peuvent intéresser le débutant dans la voie des reproductions courantes.

Dans l'Appendice qui termine la deuxième Partie, nous avons publié un certain nombre de faits utiles à connaître, réparé quelques omissions de détail commises dans la description des opérations diverses, et enfin introduit une nomenclature des principaux produits, appareils et accessoires photographiques, avec leur prix de vente normal. C'est une sorte de prix-courant très résumé, limité aux besoins du touriste photographe, et à l'aide duquel on pourra être renseigné sur les dépenses à faire, soit pour l'achat d'un matériel, soit pour les travaux d'impressions négatives et positives.

Les épreuves négatives sur couches sensibles sèches sont les seules dont nous ayons eu à nous occuper, et parmi celles-ci nous avons donné la préférence au gélatinobromure d'argent, à cause de son extraordinaire sensibilité, et surtout de la facilité si grande avec laquelle on peut trouver partout des plaques dans d'excellentes conditions de qualité et de coût.

En résumé, ce *Manuel* s'adresse à quiconque désire connaître les éléments de la Photographie courante, et surtout pratiquer cet art à l'extérieur ; il nous paraît contenir assez de renseignements sur les deux sortes d'impressions, soit négatives, soit positives, à exécuter par la lumière, pour que, muni de ce seul guide, on puisse arriver à les pratiquer avec un plein succès. Il sera temps alors, si l'on veut pénétrer plus intimement dans le secret des faits purement scientifiques, de consulter les grands Traités qui donnent à la fois la théorie et la pratique.

VIDAL (Léon). — **Traité pratique de Photographie au charbon**, complété par la description de divers *Procédés d'impressions inaltérables* (*Photochromie et tirages photomécaniques*). 3ᵉ édition. In-18 jésus, avec une planche spécimen de Photochromie et 2 planches spécimens d'impression à l'encre grasse ; 1877...................... 4 fr. 5o c.

VIDAL. — **Traité pratique de Phototypie**, ou *Impression à l'encre grasse sur couche de gélatine*. In-18 jésus, avec belles figures sur bois dans le texte et spécimens ; 1879...................... 8 fr.

VIDAL (Léon). — **Traité pratique de Photoglyptie**, *avec ou sans presse hydraulique*. In-18 jésus, avec nombreuses figures dans le texte et 2 planches photoglyptiques ; 1881...................... 7 fr.

VIDAL (Léon). — **Calcul des temps de pose et Tables photométriques** pour l'appréciation des temps de pose nécessaires à l'impression des épreuves négatives à la chambre noire, en raison de l'intensité de la lumière, de la distance focale, de la sensibilité des produits, du diamètre du diaphragme et du pouvoir réducteur moyen des objets à reproduire. 2ᵉ édition. In-18 jésus, avec 5o tables ; 1884. Broché ..... 2 fr. 5o c.
Cartonné.... 3 fr.

VIDAL (Léon). — **Photomètre négatif**, avec une instruction, renfermé dans un étui cartonné...................... 5 fr.

VIDAL (Léon). — **La Photographie appliquée aux arts industriels de reproduction**. In-18 jésus, avec figures ; 188o.............. 1 fr. 5o c.

1.137. Paris. —Imprimerie de GAUTHIER-VILLARS, quai des Augustins 55.

LA

PHOTOGRAPHIE

EN BALLON.

OUVRAGES DE M. G. TISSANDIER.

A LA MÊME LIBRAIRIE :

Les poussières de l'air, avec figures dans le texte et 4 planches. In-18 jésus...... .... 2 fr. 25

Les ballons dirigeables. Applications de l'Électricité à la navigation aérienne. In-18 jésus, avec 35 figures dans le texte et 4 planches.................................... 2 fr. 50

Observations météorologiques en ballon. *Résumé de vingt-cinq ascensions aérostatiques.* In-18 jésus............,........ . 1 fr. 50

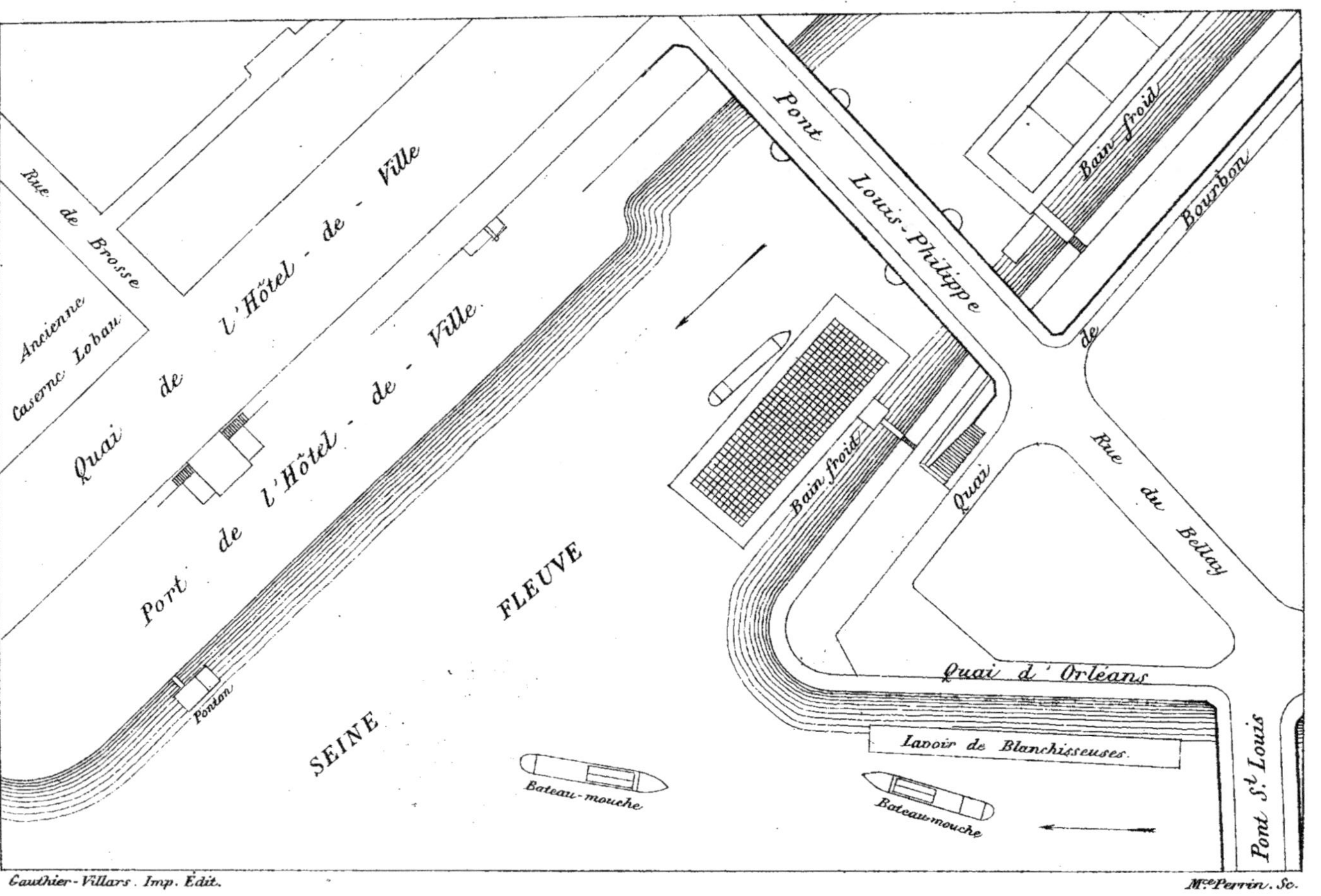

Rue de Brosse
Ancienne Caserne Lobau
Quai de l'Hôtel-de-Ville
Port de l'Hôtel-de-Ville
Pont Louis-Philippe
Bain froid
Bourbon
Bain froid
Rue du Bellay
de
Quai
Bain froid
Quai d'Orléans
Lavoir de Blanchisseuses.
Pont St Louis
FLEUVE
SEINE
Ponton
Bateau-mouche
Bateau-mouche
Gauthier-Villars. Imp. Édit.
M.ce Perrin. Sc.

LA
PHOTOGRAPHIE
EN BALLON,

PAR

GASTON TISSANDIER.

AVEC UNE ÉPREUVE PHOTOGLYPTIQUE DU CLICHÉ OBTENU
PAR MM. GASTON TISSANDIER ET JACQUES DUCOM, A 600 MÈTRES AU-DESSUS
DE L'ILE SAINT-LOUIS, A PARIS,

ET 8 FIGURES DANS LE TEXTE.

PARIS,
GAUTHIER-VILLARS, IMPRIMEUR-LIBRAIRE
DE L'ÉCOLE POLYTECHNIQUE, DU BUREAU DES LONGITUDES.
Quai des Augustins, 55.

1886

PRÉFACE.

Est-il nécessaire d'insister sur l'intérêt que présente la solution du problème de la photographie en ballon? Il a souvent attiré déjà l'attention des aéronautes, des photographes et des officiers du génie militaire. Lever des plans du haut des airs, fixer sur le cliché l'image des nuages et des beaux effets d'optique que l'on admire dans les hautes régions, rapporter à terre la photographie d'une forteresse ou d'un camp ennemi pendant la guerre. Quels merveilleux résultats!

M. Nadar a essayé jadis à plusieurs reprises de faire des photographies en ballon, et il a obtenu des résultats encourageants, dans la nacelle du ballon captif de M. Giffard, installé à l'Hippodrome en 1868; la vue prise montrait au loin l'Arc de Triomphe et les avenues qui s'y rencontrent; mais la netteté de l'épreuve laissait à désirer. Dix ans après, M. Dagron essaya de prendre le panorama de Paris dans la nacelle du ballon captif de 1878, à 500^m d'altitude.

Jusque-là les essais avaient été exécutés dans des ballons captifs. En 1880, M. Paul Desmarets, aujourd'hui directeur de l'Observatoire météorologique de Douai, a

beaucoup avancé la question, en opérant dans un ballon
libre. Les épreuves des curieuses photographies obtenues
par M. Desmarets se trouvent actuellement au Conservatoire des Arts et Métiers avec quelques-unes de celles qui
ont été obtenues d'autre part.

Depuis, M. Shadboldt, en Angleterre, a obtenu des
résultats plus satisfaisants que ceux de M. Desmarets, et
mérite une mention à part parmi les premiers expérimen-
tateurs.

A une époque plus rapprochée, de nouveaux essais ont
été entrepris en Amérique, et M. le colonel Laussedat,
directeur du Conservatoire des Arts et Métiers, a eu l'obligeance de me communiquer une épreuve d'une vue photographique de la ville de Boston, prise en ballon, et que
M. J. Glaisher, le savant météorologiste anglais, lui avait
adressée. L'épreuve est assurément fort curieuse, mais
comme les précédentes elle manque de netteté et semble
en outre avoir été prise à très faible hauteur.

Après ces nombreuses tentatives, il restait encore à
démontrer que les épreuves obtenues en ballon peuvent
être aussi nettes que celles qui sont exécutées à terre dans
les conditions ordinaires et à résoudre en un mot d'une
façon complète le problème de la photographie en ballon
libre.

Les expériences que nous avons exécutées, M. Jacques
Ducom et moi, ont donné des résultats que l'on peut con-
sidérer comme absolument satisfaisants au point de vue
photographique.

Aujourd'hui qu'il devient possible de présenter une

bonne épreuve faite en ballon, il nous a semblé qu'il n'était pas inutile de résumer l'histoire des expériences qui ont été exécutées jusqu'à ce jour.

C'est le but de cet opuscule, que M. Gauthier-Villars a bien voulu éditer, pour apporter un chapitre nouveau à son riche catalogue de livres photographiques. L'éditeur n'a pas hésité à reproduire par la photoglyptie la meilleure épreuve qui ait été obtenue jusqu'ici en ballon libre. Nous le remercions du soin avec lequel il a bien voulu présenter notre œuvre aux praticiens, aux savants et aux amateurs de photographie.

G. T.

Mars 1886.

LA

PHOTOGRAPHIE

EN BALLON.

I

PREMIÈRES EXPÉRIENCES DE M. NADAR, 1858 A 1868.

En 1855, paraissait, à la librairie Guillaumin, un livre humoristique écrit par M. Andraud, sous le titre : *Une dernière annexe au Palais de l'Industrie*, et dans lequel il est fait mention pour la première fois de la possibilité de lever un cadastre à l'aide de la photographie et d'un aérostat captif.

On a souvent attribué à M. Andraud l'idée première d'entreprendre des opérations de photographie en ballon, mais il ne faut pas perdre de vue que son ouvrage était une œuvre de pure fantaisie, qu'il n'exécuta aucune expérience, qu'il ne donna la description d'aucun projet, et qu'en écrivant un chapitre sur *l'arpentage au daguer-*

G. Tissandier. — *Photogr. en ballon.*   1

réotype, il n'a obéi qu'aux caprices de son imagination.

C'est vers l'année 1858 que M. Nadar, sans avoir eu connaissance du livre d'Andraud, résolut de recourir aux aérostats, pour prendre des vues photographiques de la terre, à une certaine hauteur dans l'atmosphère. L'habile opérateur ne songeait à rien moins qu'à exécuter en ballon l'œuvre gigantesque du cadastre; et c'est incontestablement à lui que revient le mérite des premières opérations de photographie en ballon.

« Un bon aérostat captif et un bon appareil photographique à objectif renversé, disait-il, voilà mes seules armes. Plus de triangulation préalable, péniblement échafaudée sur un amas de formules trigonométriques; plus d'instruments douteux, planchettes, boussoles, alidades et graphomètres; plus de chaînes de galériens à traîner à travers les vallées, les terres labourées, les vignes, les marais!...

» Et quelle simplicité de moyens! Mon ballon, maintenu captif à une hauteur toujours égale de 1000^{m}, je suppose, sur les points strictement déterminés à l'avance, relève, d'un coup, une surface d'un million de mètres carrés, c'est-à-dire de cent hectares, et comme dans une journée on peut en moyenne parcourir dix stations, je lève le cadastre de mille hectares en un jour, à peu près la surface d'une commune.

» Voilà l'arpentage au daguerréotype, le véritable état de lieux qui fait foi pour la délimitation des héritages ([1]). »

([1]) *Mémoires du Géant*, par Nadar. 1 vol. in-18, p. 51. Paris, 1864.

M. Nadar, espérant que son projet de photographie en ballon pouvait immédiatement devenir pratique, s'assura la propriété de son idée par plusieurs brevets, pris en France et à l'étranger, et il se mit à essayer d'entreprendre quelques essais préliminaires. A cette époque, où les procédés au gélatinobromure n'existaient pas, le problème à résoudre offrait de très grandes difficultés.

M. Nadar, après avoir pris ses brevets, exécuta plusieurs ascensions aérostatiques, pendant lesquelles il transforma la nacelle du ballon en un cabinet photographique, suspendant au cercle une tente d'étoffe orange, doublée de noir. Un grand nombre d'essais successifs furent absolument infructueux.

« Ces essais coûtaient trop cher, dit l'opérateur, et présentaient trop de difficultés autres, pour être renouvelés et suivis, comme ils auraient dû l'être. — Et puis, j'avais besoin de gagner mon pain de chaque jour; une ascension de cette nature ne s'improvise pas, et quand j'étais en l'air, ma maison de photographie en souffrait.

» Le très grand, le seul obstacle réel peut-être à ma réussite, consistait dans le matériel aérostatique même que j'étais bien forcé d'employer.

» Les ballons forains qui me servaient, ajoute M. Nadar, faute de tout autre spécial, dont l'établissement coûteux m'était interdit, ces ballons trop courts de base, vomissaient, par leur appendice ouvert immédiatement sur mes cuvettes, des flots d'hydrogène sulfuré, — et le dernier élève photographe sautera en l'air en pensant au joli ménage que mes iodures devaient faire avec ce diable de gaz. — Autant eût valu essayer d'allumer de la braise au fond d'un seau d'eau. »

Mais la persévérance de l'opérateur trouva bientôt sa récompense, comme on va le voir par le récit suivant :

« J'étais désespéré — et je ne lâchais prise, pourtant.

» Une fois, après un dernier échec, je donnai comme les fois précédentes l'ordre de *lâcher tout*. Comme le pâtissier qui mange son fonds, faute de pratiques, je m'offrais, après chaque essai photographique manqué, le plaisir d'une ascension libre.

» Nous allâmes tomber, une heure après, dans une vallée charmante et déserte qu'on appelle la vallée de la Bièvre, au Petit-Bicêtre, à deux ou trois lieues de Paris. Il n'y avait pas de vent, — et une voiture que j'avais frétée exprès amenait presque en même temps que nous sur le lieu de la descente mon préparateur et mon domestique.

» Je pris une résolution :

» — Nous allons laisser le ballon sur place, en fermant l'appendice. Il n'y a pas de danger, puisque le gaz n'a pas à se dilater cette nuit, bien au contraire. Je remonterai demain matin à la première heure, avec des bains neufs apportés tout exprès, — et nous verrons bien !

» Le ballon est en effet amarré à des pommiers, la nacelle chargée de pierres meulières, et le tout est laissé à la garde de mon brave et noir Siméon, — avec mon manteau et les provisions d'un bon feu pour toute la nuit, bien entendu.

» Retour sur les lieux le lendemain matin : le temps est couvert, il tombe une brume grise et glaciale. N'importe !

» La nacelle est vidée : j'y remonte. Le ballon s'élève de 1^m et retombe. Le gaz a perdu sa force pendant la nuit, et en outre le filet et les manœuvres sont alourdis par la rosée et cette petite pluie fine si inopportune.

» Je ne veux pas désespérer. Je débarrasse la nacelle de tout ce que j'en puis retirer... et je m'enlève à 80^m environ.

» J'avais emporté ma plaque toute préparée. — J'ouvre et je referme mon objectif, et je crie, impatient.

» — Descendez !

» On me tire à terre, je saute d'un bond dans l'auberge où tout palpitant je développe mon image.

» Bonheur ! — Il y a quelque chose !

» J'insiste et force : l'image se révèle, bien effacée, bien pâle, mais nette et certaine. — Ce ne sera qu'un simple positif sur verre, très faible, tout taché, mais qu'importe ! Je sors triomphalement de mon laboratoire improvisé.

» Il n'y a pas à nier ! Voilà bien trois uniques maisons dont se compose le tout petit village appelé le *Petit Bicêtre :* une ferme, une auberge et la gendarmerie....

» On distingue parfaitement les tuiles des toits, et sur la route une tapissière dont le charretier s'est arrêté court devant le ballon.

» J'avais eu raison ! la Photographie aérostatique était possible, — quoi qu'en eussent dit, pour m'en détourner d'abord, les plus sérieux de mes confrères ! »

Telle est l'origine de la photographie en ballon.

Ces premiers essais valurent à M. Nadar, en 1859, une invitation à faire de la photographie en ballon captif à l'armée d'Italie ; mais il ne se crut pas encore assez sûr de ses procédés pour accepter l'offre qui lui était faite d'entreprendre des opérations en campagne.

En 1868, il recommença plusieurs essais de photographie aérienne, en ayant recours au ballon captif de M. Henri Giffard, installé alors à l'Hippodrome de Paris sous la direction d'Arnaud, et dont la nacelle pouvait s'élever à 200^m d'altitude. M. Nadar réussit à obtenir une vue assez nette de l'Arc de Triomphe de Paris avec l'avenue d'Eylau et la rue de Villejust, au premier plan, l'avenue Friedland, l'avenue de la Reine-Hortense et l'avenue de l'Impératrice, un peu plus haut dans le cliché et au second plan.

Ce cliché encore imparfait donnait assurément tout ce qu'il était possible d'obtenir au moyen des anciens procédés photographiques au collodion humide et l'on doit rendre justice aux efforts de M. Nadar, ainsi qu'à l'initiative qu'il a prise pour arriver à la solution d'un problème éminemment intéressant.

II

LA PHOTOGRAPHIE EN BALLON PENDANT LA GUERRE
D'AMÉRIQUE EN 1862.

Les Américains, lors de la terrible guerre qui divisa si longtemps leur nation, mirent à profit tous les procédés de la science moderne pour s'assurer des avantages dans leurs combats. Ils ne manquèrent pas de recourir aux aérostats captifs, comme moyens de renseigner leurs généraux sur les mouvements de l'ennemi. Dès l'année 1861, le général Mac-Clellan, eut successivement sous ses ordres les aéronautes La Montain et Allan. Le premier aéronaute gonfla son ballon au camp de l'Union, il le transporta à l'état captif, à travers la ville de Washington, puis, coupant les cordes qui le retenaient à la surface du sol, il s'éleva en liberté. Il réussit à embrasser d'un seul coup d'œil le panorama des positions ennemies ; il prit des notes minutieuses, qu'il communiqua au général Mac-Clellan, après avoir exécuté une descente heureuse à quelques kilomètres seulement de son point de départ.

Ce premier succès encouragea de nouvelles tentatives, et vers le milieu de l'année suivante, le matériel des ballons militaires américains fut complété par un appareil de photographie.

Dans les derniers jours de mai 1862, l'armée union-
niste, campée devant Richmond, lança au-dessus de la
place un ballon captif. L'appareil photographique fut
dirigé vers la terre et permit de prendre en perspective,
sur une carte, tout le terrain de Richmond à Manchester
à l'ouest, et à Chikahominy à l'est. La rivière qui arrose
la capitale, les cours d'eau, les chemins de fer, les chemins de traverse, les marais, bois de pins, etc., furent
tracés; on y porta aussi la disposition des troupes, bat-
teries d'artillerie, infanterie et cavalerie. On en tira deux
exemplaires. On les divisa en 64 parties, comme un
champ de bataille, avec les signes conventionnels A,
A^2, ... Le général Mac Clellan eut un de ces exemplaires, le conducteur du ballon eut l'autre.

« L'armée fut d'abord retenue dans le camp par le
mauvais temps, une journée tout entière; le 1er juin,
l'aérostat s'éleva, vers midi à une hauteur de plus de
mille pieds (333^m) au-dessus du champ de bataille, et se
mit en relations avec le quartier général par un fil télé-
graphique. Pendant une heure, les mouvements de l'ennemi furent signalés avec exactitude. Une demi-heure
plus tard, la dépêche porta : *Sortie de la maison Cadeys* :
Mac Clellan put en un instant donner ordre d'avancer
au général Heinsselmann et prescrivit au général Summer,
qui était déjà au delà de Chikahominy, de marcher tout
de suite sur la petite rivière. Les deux divisions purent
en deux heures de temps être réunies en face de l'ennemi
et défendre le champ de bataille à la baïonnette. Partout
où les assiégés hasardèrent une attaque, ils furent re-

poussés avec une perte considérable et furent attaqués par des forces supérieures sur les points les plus faibles. Ils dirigèrent contre le ballon un canon rayé, d'une énorme portée. Les projectiles firent explosion près du ballon, et si près que les aéronautes jugèrent convenable de s'éloigner. Le ballon fut descendu à terre, lancé dans une autre direction et assez haut pour être hors de la portée des pièces ennemies. Il fut mis de nouveau en communication avec la terre ferme, et l'armée assiégeante eut avis que de fortes masses de troupes accouraient sur le champ de bataille dans une autre direction. Dès qu'elles furent arrivées à portée du canon des fédéraux, elles se virent prévenues avec une rapidité qui dut leur paraître inconcevable. Il semblait que le Dieu des batailles les eût complètement abandonnées en ce jour. Elles se voyaient conduites en avant pour servir de but aux Yankees. Elles ne pouvaient suivre aucune direction, sans rencontrer un mur de baïonnettes impénétrable. Toutes les tentatives de l'armée du Sud pour enfoncer les lignes ennemies ayant échoué, Mac Clellan commanda une attaque générale à la baïonnette et repoussa ses adversaires avec une perte énorme. Ce général n'eût pu obtenir un succès aussi complet sans le secours du ballon et de l'appareil dont il était muni (¹). »

(¹) D'après un article du *Journal militaire de Darmstadt,* intitulé : *Application à l'art de la guerre, des aérostats et de la Télégraphie,* traduit de l'Allemand, par M. d'Herbelot, colonel d'artillerie en retraite. In-8 de 26 pages, cité dans *Les Merveilles de la Science,* par M. Louis Figuier.

On voit; d'après ce récit, que les opérations photographiques, exécutées dans la nacelle des ballons captifs, de l'armée américaine du Nord paraissent avoir donné des résultats satisfaisants.

Il nous a paru toujours extraordinaire qu'après ces premières tentatives, on ne se soit pas décidé plus tôt à recourir, pour le service des armées, aux aérostats captifs et aux appareils photographiques ; mais il existe malheureusement de nombreux préjugés qui viennent presque toujours à l'encontre des innovations et les ajournent.

De longues années allaient s'écouler avant que la chambre noire du photographe ne fût élevée encore une fois dans la nacelle d'un ballon captif.

III

EXPÉRIENCES DE M. DAGRON DANS L'AÉROSTAT CAPTIF
DE M. HENRI GIFFARD, EN 1878.

Lorsque M. Henri Giffard eut construit, en 1878, son
magnifique aérostat captif à vapeur qui, par les temps
calmes, permettait d'enlever à la fois trente voyageurs à
500ᵐ d'altitude, M. Dagron, l'habile photographe, le
créateur des pellicules photographiques des pigeons voyageurs du siège de Paris, essaya de reprendre le problème
que M. Nadar avait essayé de résoudre.

M. Giffard nous avait confié l'administration de son
matériel, à mon frère et à moi, et nous fîmes tous nos efforts
pour encourager les essais de l'opérateur.

Malheureusement, M. Dagron ne put réaliser un assez
grand nombre d'expériences pour réussir convenablement ;
à plusieurs reprises, les mouvements de la nacelle à l'ex-
trémité du câble ne lui permirent d'obtenir aucun résultat. Cependant, au mois d'août, par un temps calme et un
ciel pur, il lui fut donné de prendre un cliché de la vue de
Paris, assez satisfaisant pour donner une épreuve qui ne
manquait pas de quelque netteté.

M. Dagron avait emporté dans la nacelle du ballon

captif une très grande chambre, avec des plaques de
o^m, 28 sur o^m, 22. Il opérait avec le collodion. L'épreuve
photographique obtenue et dont nous possédons un
exemplaire, montre, au premier plan, le Pont-Neuf et le
pont Saint-Michel à gauche, jusqu'à l'Odéon à droite ; au
second plan, on aperçoit le Panthéon, et toutes les maisons
du quartier latin. Le lointain est assez confus, mais permet
de distinguer encore une grande partie de Paris. La photographie obtenue par M. Dagron est intéressante par sa
grande dimension et par la vue qu'elle représente.

Toutes les expériences que nous avons résumées jusqu'ici ont été exécutées dans des aérostats captifs. Nous
allons arriver à la première tentative de photographie *en
ballon libre*.

IV

L'ASCENSION PHOTOGRAPHIQUE D'ARCUEIL-CACHAN,
(8 JUIN 1879).

L'année suivante, M. Triboulet, architecte, membre de la Société d'aérostation météorologique, essaya d'exécuter des opérations photographiques en ballon libre. Pour la première fois, il eut recours à des glaces au gélatino-bromure d'argent, et à un obturateur rapide construit par M. Lorieux. L'appareil photographique pivotait sur le bord de la nacelle, et devait être mis en fonction dans une posi-tion verticale. Cette expédition, fort bien préparée, ne donna malheureusement aucun résultat, par suite d'un accident assez curieux dont nous allons faire le récit.

Voici dans quelles circonstances eut lieu le voyage aérien auquel M. Triboulet prit part le dimanche 8 juin 1879.

L'inauguration d'un muséum scolaire, avait lieu ce jour-là à Arcueil-Cachan. La Société d'aérostation mé-téorologique, qui avait prêté son concours à la fête, avait lancé six cents pigeons voyageurs, et préparait une ascension en ballon qui se présentait d'abord dans les meilleures conditions. Malheureusement, le temps se couvrit à la fin de la journée. Le départ n'en fut pas moins exécuté à 5ʰ. M. Jovis, aéronaute, et M. Triboulet, avec son appareil photographique, avaient pris place dans la nacelle; l'aérostat s'éleva en présence d'un grand nombre de spectateurs, et se dirigea vers Paris. A 5oo^m d'altitude, il planait au-dessus de l'Observatoire de Paris, M. Triboulet, réussit à prendre une photographie du panorama qui se déroulait sous la nacelle; il se disposait à recommencer son opération, quand tout à coup une pluie orageuse se mit à tomber. Le ballon, chargé d'eau, descendit avec une grande rapidité, tout le lest fut jeté sans pouvoir arrêter le mouvement de descente, et le ballon, après avoir rasé le sommet des tours de Notre-Dame, continua à descendre au-dessus de la Seine, où la nacelle toucha l'eau. Des mariniers remorquèrent jusque sur la berge le ballon et les aéronautes.

Les employés de l'octroi, voyant que cet aérostat était entré dans Paris sans passer par les portes du mur d'enceinte, se mirent en devoir de tout examiner dans la nacelle, afin de s'assurer que les voyageurs n'avaient point introduit frauduleusement des marchandises de contrebande. Ils examinèrent tout, avec tant de zèle qu'ils ouvrirent les châssis photographiques, pour voir *ce qu'il y avait dedans*.

Ils firent ainsi pénétrer la lumière sur la glace que M. Triboulet avait impressionnée à 5oo^m au-dessus de Paris !

V

EXPÉRIENCES DE M. PAUL DESMARETS EN BALLON LIBRE, EN 1880.

Vers le milieu de l'année 1880, le 14 juin, M. Paul Desmarets, lors d'une ascension aérostatique qu'il exécuta à Rouen réussit, au moyen des mêmes procédés que M. Triboulet avait mis en pratique, à obtenir deux clichés, quoiqu'il se soit trouvé dans des conditions tout à fait anormales. La première photographie fut exécutée à 6^h 30^m du soir. Elle représente en projection le commencement du village de Mesnil-Esnard, près de Rouen, entre la route nationale et le chemin de l'église. Ce cliché, pris à 1100^m d'altitude, au travers de la brume, donne la surface de 900^m carrés à l'échelle d'environ $\frac{1}{4000}$. On y remarque, quoiqu'il manque de netteté, les maisons, les arbres, les routes, jusqu'aux tas de cailloux qui servent à empierrer les chemins. Les objets situés dans le parc de Mme Dessaint peuvent très bien se distinguer lorsqu'ils sont visibles en projection verticale. Pour cette épreuve, l'appareil était placé verticalement, l'objectif passait par un trou pratiqué au fond de la nacelle. La seconde épreuve est le panorama qui se déroule à la hauteur de 1300^m, depuis Rouen jusqu'à Quillebœuf. On y voit, reproduits, dans le haut, un magnifique cumulus, et dans le bas, tous les méandres de la Seine à travers quelques masses floconneuses. Malheureusement, Rouen se trouvait dans la brume et sous l'ombre d'un gros nuage, ce qui empêche de le distinguer sur la photographie. Cette dernière épreuve, actuellement exposée au Conservatoire des Arts-et-Métiers, a été agrandie par M. Carette, à Bois-de-Colombes, qui, au moyen de son procédé, a fait ressortir d'une façon inattendue quelques détails que l'on ne peut voir sur la petite épreuve, même en regardant à la loupe.

L'appareil a été placé, pour cette photographie, sur le bord de la nacelle, l'objectif braqué sur l'embouchure de la Seine. Les hauteurs ont été mesurées comparativement avec deux baromètres que MM. Richard frères avaient mis gracieusement à la disposition de M. Desmarets. L'un est un baromètre de poche allant jusqu'à 5000^m, et l'autre, très sensible, donnait les dixièmes de millimètre de mercure jusqu'à la hauteur de 6000^m, ce qui me permettait d'évaluer l'élévation avec une grande précision. Les appareils dont l'opérateur s'est servi, consistaient en une chambre noire, un objectif, un obturateur instantané et des plaques sèches d'une grande sensibilité. La chambre noire n'a rien de particulier.

L'objectif, de fabrication française, sortait de la maison Derogy. C'était un aplanétique $\frac{24}{27}$ dont le foyer mesurait 0,^m29.

L'obturateur, d'une construction très délicate et très

soignée, avait été combiné par M. Léonce de Combettes et par M. Desmarets.

Cet appareil, que ces physiciens ont appelé *obturateur électro-photographique*, permet de régler la pose depuis l'instantanéité réelle (une fraction très minime de seconde), jusqu'à la pose la plus prolongée. Il se compose d'un disque en caoutchouc durci percé de deux ouvertures circulaires placées symétriquement sur un même diamètre et égales comme grandeur à celle des lentilles. Ce disque est mis en rotation plus ou moins rapide par un mouvement d'horlogerie. Les déclenchements s'opèrent au moyen d'un courant électrique agissant sur deux électro-aimants Bourbouze et obtenu à l'aide de deux petites piles à renversement au bisulfate de mercure de M. Trouvé.

Les plaques sèches au gélatinobromure, d'une fabrication tout à fait spéciale, avaient été préparées par M. Laisné. Elles ont été développées après l'ascension, au moyen d'un révélateur particulier dont la base est l'oxalate de fer.

Le temps de pose a été d'environ $\frac{1}{20}$ de seconde, et la vitesse de translation de l'aérostat 6^m à 7^m à la seconde. Le ballon avait donc parcouru dans ce temps minime un espace de $0^m,30$ à $0^m,35$, qui, avec la hauteur à laquelle les opérateurs se trouvaient, donne un angle tellement petit, que le déplacement de l'appareil, eu égard à cette hauteur, est insensible ($8'',1312$).

Les expériences photographiques dont nous venons de parler ont été exécutées à bord du *Gabriel*, cubant 1225^{mc} et appartenant à la Société d'expériences aérostatiques de Paris.

G. TISSANDIER. — *Photogr. en ballon.*   2

L'aérostat était dirigé par M. Lair, avec l'aide de M. Maquelin ([1]).

Les résultats photographiques obtenus, par M. Desmarets, ont vivement attiré l'attention des praticiens, au moment où ils ont été publiés et ils ont certainement contribué aux essais qui devaient être exécutés quelques années après, et dont nous allons donner le récit.

---

[1] D'après le récit de M. Paul Desmarets, publié dans *La Nature*.

VI

EXPÉRIENCES DE M. C.-V. SHADBOLT EN ANGLETERRE EN 1883.

Lors de l'exposition de la Société photographique de Londres, en 1883, l'attention des visiteurs a été attirée par une très bonne photographie, obtenue en ballon, à l'altitude de 650^m environ, par un habile opérateur anglais, M. Cecil V. Shadbolt. Cette photographie était, sans contredit, la plus remarquable qui ait été faite jusque-là dans la nacelle d'un aérostat.

Le cliché a été obtenu au moyen des procédés au gélatinobromure, avec un appareil fixé à l'aide d'une sorte de charnière mobile sur le rebord de la nacelle le *Sunbeam*. Cet aérostat a servi à cinq ascensions photographiques exécutées par M. Shadbolt et son aide M. William Dale.

Nous avons reçu cinq photographies aériennes de l'ingénieux praticien. La première a été exécutée à 850^m d'altitude, la seconde à 500^m environ, la troisième à 925^m, et la quatrième à près de 1000^m de haut ; les photographies ressemblent à des plans d'une grande finesse ; on reconnaît les maisons, les routes, les champs, la Tamise, mais tout cela offre encore un certain trouble.

La cinquième épreuve est au contraire voisine de la perfection, et doit être signalée comme un grand pas en avant. Elle a été faite à 650^m d'altitude, près Stamford Hill, dans le nord de Londres. On distingue nettement le chemin de fer et la jonction de la voie d'Enfield sur le *Great Eastern* avec la ligne de Jotenham et d'Hampstead. On voit un pont de chemin de fer traversant la route, l'ombre de ce pont se distingue très nettement et lui donne un remarquable relief. On reconnaît un train en mouvement, avec la fumée de la locomotive. Plus loin, une maison qui est d'une incomparable netteté : on peut, sur l'épreuve photographique, en distinguer tous les détails à la loupe, cheminées, cour intérieure, etc. On reconnaît à la loupe des passants qui sont arrêtés sur une route. Les autres parties de la photographie représentent les toits de maisons alignées régulièrement les unes à côté des autres, avec des jardinets semblables et de même grandeur, à la façon anglaise ; on y voit aussi, à gauche, des champs nettement découpés.

Nous reproduisons ci-contre (*fig.* 1) une photographie obtenue par M. Shadboldt à 900^m d'altitude. L'héliogravure que nous publions, n'est pas à beaucoup près aussi nette que l'épreuve photographique.

Fig. 1.

Reproduction par l'héliogravure d'un cliché obtenu en ballon libre par M. Shadbolt.
Altitude 900^m au-dessus de Blackheath.

VII

L'APPAREIL PANORAMIQUE DE M. TRIBOULET, POUR BALLON NON MONTÉ, EN 1884.

Dans toutes les expériences que nous avons résumées jusqu'ici, les appareils photographiques étaient disposés

Fig. 2.

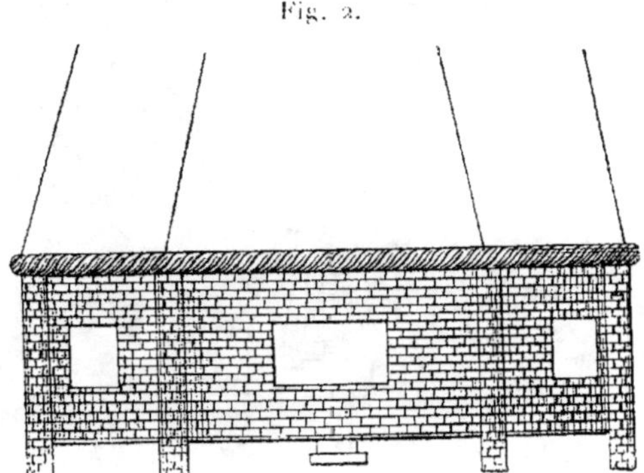

Vue intérieure de la cage d'osier contenant les sept appareils photographiques de M. Triboulet.

dans la nacelle même de l'aérostat, et étaient ouverts et fermés par l'opérateur lui-même.

En 1884, M. Triboulet, dont nous avons raconté la malencontreuse ascension d'Arcueil-Cachan, construisit un remarquable appareil de photographie aérostatique, formé d'une caisse hexagonale à six objectifs latéraux, et à un objectif vertical, capables de fonctionner attachés à un ballon captif libre, ne contenant pas d'aéronaute, et cela sous l'action d'un commutateur électrique manié à terre.

L'appareil panoramique imaginé par M. Triboulet se

Fig. 3.

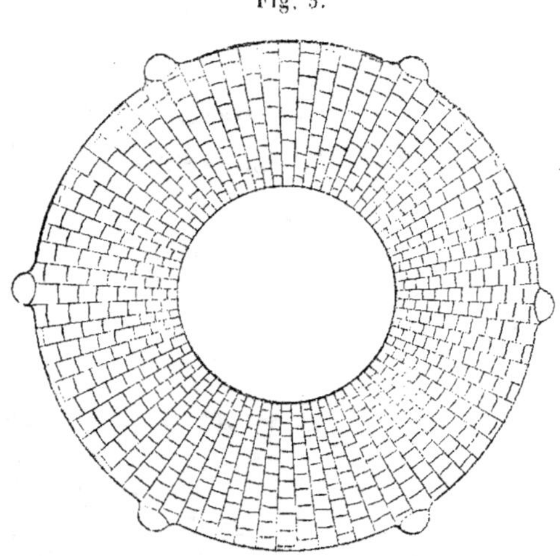

Plan de la cage d'osier.

compose essentiellement d'une caisse hexagonale divisée en sept chambres noires distinctes, dont six pour le panorama et la septième pour le plan.

Chacune de ces chambres est munie d'un objectif ayant un même foyer et d'un obturateur à guillotine maintenu en place par une armature d'électro-aimant formant verrou. Quand un courant passe, l'armature attirée déclenche le volet qui, sollicité par un ressort en caoutchouc, glisse rapidement devant l'objectif et donne un temps de pose suffisant pour le plein soleil (*fig*. 3, 4, 5, 6 et 7).

Les plaques ont $0^m,20$ sur $0^m,25$, les images se recouvrent de $0^m,01$ afin de faciliter le raccord des épreuves.

Tout l'appareil, posé dans un panier spécial, est sus-

Fig. 4.

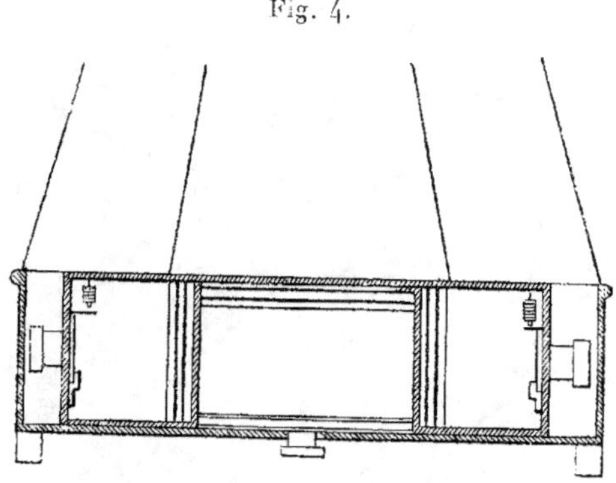

Coupe longitudinale.

pendu par un joint à la Cardan sous le cercle d'un aérostat maintenu captif. Un câble indépendant relie les électros avec une pile placée à terre. L'opérateur peut ainsi, au moyen d'un commutateur, envoyer le courant au moment convenable.

Cet instrument, essayé une première fois place Saint-Jacques, à Paris, n'a pas donné de résultats satisfaisants à cause du mauvais choix du point d'attache.

Il a été expérimenté ensuite le 15 février 1884 sous un ballon que MM. Lachambre et Lhoste avaient eu l'obligeance de mettre à la disposition de l'*Académie d'aérostation météorologique*, MM. Lair et Gillon avaient été chargés de diriger la partie photographique et les ma-

Fig. 5.

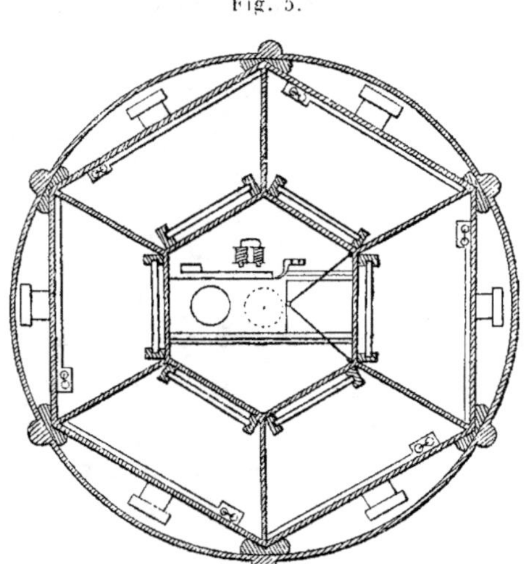

Coupe horizontale.

nœuvres du captif; M. Leguay s'était spécialement occupé du déclenchement électrique.

Le ballon n'ayant pu être gonflé assez rapidement, c'est à 4ʰ seulement que les opérateurs ont pu faire l'expérience. En outre, les volets, ramenés trop violemment sur leurs butoirs, ont eu un mouvement de recul qui a suffi pour découvrir en partie les lentilles et pour

donner sur une fraction du cliché une nouvelle épreuve
juxtaposée sur la première.

Cet accident a démontré la nécessité d'adjoindre un

Fig. 6.

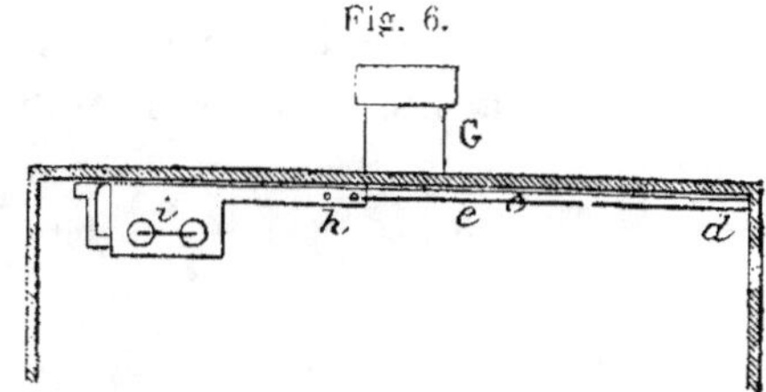

Détails du mécanisme. — Coupe d'un objectif.

ressort ayant pour but de s'opposer au retour de l'obturateur, et, les parties doublées ayant seules la vigueur

Fig. 7.

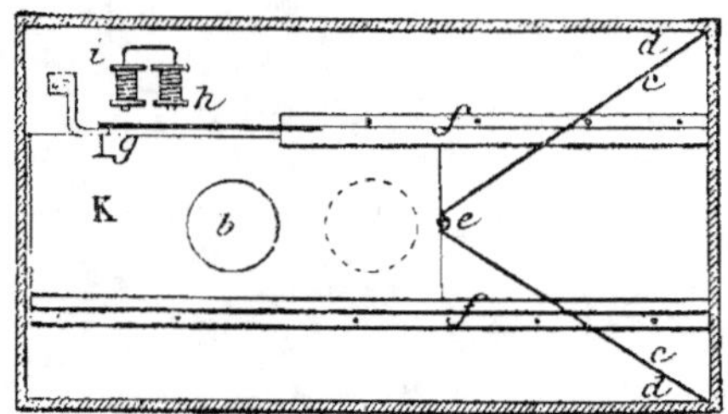

Détails du mécanisme vu en plan. — K. Volet, muni d'une ouverture *b*
qui passe devant l'objectif sous l'action du ressort de caoutchouc
c e c. — *h i*. électro-aimant, produisant le déclenchement en *g*. —
ff. glissoirs.

voulue, qu'il fallait un temps de pose double ou le grand
soleil, pour obtenir des épreuves satisfaisantes.

Les résultats obtenus par MM. Lair et Gillon indiquent

que ce procédé très ingénieux pourrait être très efficace. Ces messieurs ont développé leurs épreuves et tiré des positifs qui, quoique *flous*, sont très intéressants.

Ces expériences, qui pourraient être exécutées en ballon libre comme en ballon captif, mériteraient assurément d'être encouragées, et nous souhaitons que MM. Triboulet, Lair et Gillon puissent les reprendre. Leur appareil peut être attaché au centre d'un aérostat avant son départ, et il est certain que, lorsque le temps est calme, le ciel pur, on aurait ainsi d'excellentes épreuves, en opérant vers midi, au moment où l'éclairage du sol est le plus intense.

VIII

EXPÉRIENCES DE MM. GASTON TISSANDIER ET JACQUES DUCOM, LE 19 JUIN 1885.

Les expériences d'aérostation photographique que nous avons exécutées, avec la collaboration d'un jeune et habile amateur, M. Jacques Ducom, nous ont permis de faire mieux que ce qui avait été obtenu jusqu'ici ; elles ont donné des résultats très complets quant à l'un des clichés obtenus dont nous allons entretenir nos lecteurs. Le cliché dont nous parlons a été fait au-dessus de Paris, à 605^m d'altitude ; il est d'une netteté qui ne laisse absolument rien à désirer ; nous le reproduisons en tête de cette brochure par la photoglyptie. Nous en donnons d'autre part une reproduction par l'héliogravure (*fig.* 8). Quelques autres photographies, qui n'ont pas donné des résultats aussi parfaits, sont cependant assez satisfaisantes pour être signalées. Deux ou trois d'entre elles dépassent encore comme netteté, tout ce qui avait été obtenu par nos prédécesseurs.

L'ascension a eu lieu à l'atelier aéronautique d'Auteuil, le vendredi, 19 juin 1885, dans l'aérostat *Le Com-*

mandant Rivière, cubant 1000ᵐ. M. Jacques Ducom s'occupait spécialement de la partie photographique de l'expérience, tandis que je prenais soin de la conduite de l'aérostat; M. Georges Prus, ingénieur des arts et manufactures, nous accompagnait.

L'appareil photographique, disposé sur le bord de la nacelle, de manière à pivoter sur un axe, et à être fixé verticalement, est une chambre, dite de touriste 13 × 18, à soufflet tournant, construite par M. Mackenstein. L'objectif est un rectiligne rapide n° 4, de M. Français, de 0ᵐ,56 de foyer : cet objectif a été employé avec un diaphragme de 0ᵐ,026; son ouverture étant de 0ᵐ,036. Les photographies ont été successivement faites avec un obturateur de M. Français, et avec une guillotine à déclenchement pneumatique et à ressort de caoutchouc, tout spécialement construite pour notre expédition, par un savant praticien, M. Moussette. Le temps de pose avec ce dernier système était de $\frac{1}{50}$ de seconde. On pourrait facilement obtenir un temps de pose de durée encore moindre, mais cela ne paraît pas nécessaire pour les opérations aérostatiques.

L'émulsion des plaques au gélatinobromure d'argent employée, a été aussi spécialement préparée par M. Bacard, et les plaques nous ont été gracieusement offertes par M. Véra.

Le départ a eu lieu à 1ʰ40ᵐ de l'après-midi, par un vent sud-ouest, nous dirigeant dans la direction du nord-est.

Dix minutes après l'ascension, une première photo-

Fig. 8.

Reproduction par l'héliogravure du cliché, obtenu à 600^m d'altitude, par MM. Gaston Tissandier et Jacques Ducom.

graphie a été exécutée à 670^m au-dessus de la rue de Babylone et des magasins du Bon-Marché (¹).

Une autre opération a été faite au-dessus du pont Saint-Michel, à une hauteur presque semblable. On distingue nettement sur l'épreuve obtenue, le pont et le quai Saint-Michel, le quai du Marché-Neuf, l'état-major des pompiers près la Préfecture de police. On compte quinze voitures de place stationnant sur le quai du Marché-Neuf; on distingue très nettement aussi les tramways, les passants, et la trace d'une voiture d'arrosage, qui a marqué sur l'épreuve une traînée grisâtre.

Au-dessus de l'île Saint-Louis, à 600^m d'altitude, l'appareil a donné le remarquable cliché que nous présentons à nos lecteurs. Quand on examine à la loupe l'épreuve photographique, on découvre des détails inattendus, tels que des rouleaux de corde dans un bateau amarré près de l'établissement de bains froids, des passants arrêtés sur le quai, etc. On peut, sur le cliché, compter les cheminées des maisons, formant en projection de petits points noirs sur les toits.

Une nouvelle photographie d'une très grande netteté, mais d'un ton un peu grisâtre, a été obtenue quelques mi-

---

(¹) On pourra se rendre compte des résultats de la photographie aéronautique jusqu'à ce jour, en visitant une des galeries du Conservatoire des Arts et Métiers, où M. le colonel Laussedat a exposé les épreuves qui sont dues à M. Desmarets, à M. Shadbolt et à d'autres opérateurs. Nous nous sommes empressés d'offrir à notre grand établissement national les nouvelles épreuves obtenues pendant notre récente expérience. Le public peut actuellement apprécier aussi nos épreuves.

G. TISSANDIER. — *Photogr. en ballon.* 3

nutes après notre passage au-dessus de l'île Saint-Louis, à 800^m mètres d'altitude (2^{h}8^m) au-dessus de la prison de la Roquette; on voit sur l'épreuve une partie de cette prison, et le groupe des maisons comprises dans le voisinage, entre la rue Saint-Maur, la rue Servan, la rue Merlin, avec les entrecroisements formés par les rues Omer-Talon et Duranty. L'établissement du dépôt du Mont-de-Piété s'y distingue très clairement.

Au moment où nous allions quitter Paris, un bon cliché a été obtenu à 2^{h}12^m au-dessus du réservoir de Ménilmontant (altitude 820^m). On voit le fossé des fortifications, le boulevard Mortier, la rue Saint-Fargeau, la porte de Ménilmontant et la caserne des remparts qui se trouve entre Bagnolet et le pré Saint-Gervais.

Deux autres photographies ont été faites hors Paris, à des hauteurs plus considérables, 1000^m à 1100^m; l'une d'elles représente la campagne de Germigny-l'Évêque (Seine-et-Marne), avec des chemins et des constructions, et l'autre le village de Lizy-sur-Ourcq, dans le même département. Ces deux nouvelles expériences ont été exécutées à 3^{h}20^m et à 3^{h}25^m.

Pendant la traversée de Paris que nous avons faite, de notre atelier d'Auteuil à la porte de Ménilmontant, de 1^{h}40^m à 2^{h}12^m, nous avons donc pu faire cinq photographies : l'une au-dessus des magasins du Bon-Marché, la seconde au-dessus du pont Saint-Michel, la troisième au-dessus de la pointe nord de l'île Saint-Louis, la quatrième au-dessus de la Roquette, et la cinquième au-dessus des réservoirs de Ménilmontant et des fortifica-

tions. On pourrait facilement avoir dans la nacelle deux
ou trois appareils photographiques avec un opérateur
pour chacun d'eux; on obtiendrait ainsi une série con-
tinue de clichés; on aurait pour le lever d'un plan des
documents topographiques d'une incomparable précision.
Enfin il ne serait pas impossible d'opérer avec des appareils panoramiques spéciaux, dont les résultats offriraient
encore un intérêt tout spécial.

Parmi les épreuves photographiques que nous avons
rapportées, celle qui ne laisse absolument rien à désirer
comme netteté, a été faite au moment où le soleil lançait
ses rayons sur Paris. Les bonnes conditions d'éclairage
sont indispensables, et au moment où les autres expériences ont été exécutées, des nuages assez nombreux for-
maient écran devant le soleil. Malgré l'instantanéité, il
faut éviter de faire osciller la nacelle au moment où la
guillotine photographique va être mise en mouvement; il
est facile aux opérateurs de rester alors absolument immo-
biles. La translation de l'aérostat ne nuit pas à la netteté
des épreuves obtenues; pendant nos expériences, le courant aérien était assez rapide, puisque nous avons traversé
Paris dans sa plus grande largeur, c'est-à-dire sur une
étendue de 11^{km} environ, en 32 minutes. La vitesse du
vent a beaucoup augmenté postérieurement pendant la
durée de notre ascension.

Après avoir exécuté les photographies du sol pris en
plan avec l'appareil vertical, nous avons voulu obtenir des
clichés des nuages qui s'étendaient dans l'atmosphère;
mais les nuages blancs qui réfléchissent avec une grande

intensité les rayons solaires, ne nous ont pas donné de bons résultats. Il eût fallu disposer l'appareil spécialement pour ce mode d'opération. Si nous pouvons organiser une nouvelle expédition photographique en ballon, nous espérons avoir à ce sujet des résultats plus complets.

Au retour de notre ascension, M. Ducom et moi, nous avons trouvé les plus précieux encouragements de la part des Sociétés savantes auxquelles ont été présentées les épreuves obtenues pendant notre voyage. M. Mascart, de l'Institut, directeur du *Bureau Central météorologique*, présenta nos photographies à l'Académie des Sciences, et il voulut bien y joindre quelques paroles d'éloge que plusieurs de ses collègues de l'Institut eurent l'obligeance de confirmer à notre égard. A la *Société d'Encouragement*, M. Davanne nous complimenta sur l'épreuve que nous reproduisons dans cet opuscule, et qui d'après son expression « ne laisse rien à désirer comme netteté. »

Nous devons ajouter toutefois que l'épreuve photoglyptique, placée en tête de notre brochure, n'est pas à beaucoup près aussi nette que l'épreuve photographique elle-même. Elle en donne cependant un aperçu suffisamment exact.

IX

EXPÉRIENCES DE M. PINARD, A NANTES,
LE 14 JUILLET 1885.

Le 14 juillet 1885, M. Pinard, photographe de l'École de Médecine de Nantes, accompagné de M. Julhes, aéronaute, s'élevait dans cette ville, avec un aérostat dont la nacelle était munie d'un appareil de photographie spécialement disposé pour les opérations aériennes.

Cet appareil est un aplanétique à obturateur instantané de MM. Thury et Amey de Genève; M. Pinard a pris à différentes hauteurs, plusieurs photographies au gélatino-bromure.

L'aérostat s'est élevé à $4^h 30^m$ de l'après-midi.

Quoique les conditions ne fussent pas favorables, M. Pinard nous a montré quatre épreuves photographiques de $0^m,23$ sur $0^m,18$ et dont l'une obtenue à 400^m au-dessus du château de la Loire est d'une netteté très satisfaisante. On distingue en plan le château de la Loire, les quais du fleuve, plusieurs bateaux amarrés, des ballots de marchandises. Les détails des cours, des jardins, des arbres sont très visibles.

Une deuxième vue exécutée à 550^m montre les Récollets, on distingue les maisons d'un village et la campagne.

Deux autres vues faites à 1100^m et à 1700^m d'altitude sont très intéressantes ; toutes deux représentant le lac de Grand-Lieu, sous différents aspects. La première épreuve est assez remarquable.

M. Pinard a pris encore deux ou trois autres vues, mais elles ne sont pas, à beaucoup près, aussi bonnes que celles dont nous venons de parler.

Nous ferons observer que les clichés de M. Pinard sont les plus grands de ceux qui ont été impressionnés en ballon, ce qui augmente considérablement les difficultés des opérations aérostatiques, et M. Pinard mérite des éloges pour les intéressants résultats qu'il a obtenus.

X

EXPÉRIENCES DE M. A. WEDDEL, A PARIS,
LE 12 OCTOBRE 1885.

Après les expériences de M. Pinard, nous mentionnerons celles que M. Weddel a exécutées sous les auspices de M. le général Boreskoff, envoyé à Paris par le gouvernement russe pour faire l'acquisition d'aérostats libres et captifs.

M. le général Boreskoff chargea M. Weddel de faire quelques photographies en ballon, et il mit à la disposition de l'opérateur un aérostat de 500^{mc} qui fut gonflé à l'usine à gaz de la Villette par les soins de M. Lachambre et de M. Lhoste, le 12 octobre 1885.

L'ascension fut faite à 2^h de l'après-midi par M. Lhoste et par M. Weddel, le premier s'occupant de la conduite de l'aérostat, tandis que le second faisait fonctionner son appareil photographique.

Le ballon passa au-dessus de Ménilmontant, de Saint-Mandé, de Vincennes, et l'atterrissage eut lieu à 4^h, dans le voisinage de Brie-Comte-Robert. M. Weddel prit plusieurs vues.

L'objectif employé était un antiplanat de Steinheil de

$0^m,25$ de foyer et diaphragmé au $\frac{1}{15}$. Les plaques étaient celles du chimiste Gelhaye de Lyon. Le développement fut exécuté après l'impression, par l'oxalate de fer.

L'obturateur se composait d'une guillotine construite par M. Weddel; le temps de pose était de $\frac{1}{80}$ de seconde.

La première vue représente des rues, des maisons et des toits; elle a été obtenue à 500^m d'altitude, pendant la période ascensionnelle, et dans le voisinage de La Villette; les intérieurs des cours sont intéressants à étudier à la loupe.

La deuxième vue est faite à 1000^m au-dessus de Ménilmontant. Elle permet de voir les reverbères sur une avenue, et leur ombre portée sur les trottoirs. On voit aussi d'un côté deux passants arrêtés sur une place, et une autre personne au milieu.

La troisième vue, faite à 600^m d'altitude, représente le fort de Vincennes. C'est un vrai plan, les fossés, les portes, les ponts, les cours et la chapelle s'y distinguent très bien.

XI

EXPÉRIENCES DIVERSES EN BALLONS LIBRES ET EN BALLONS CAPTIFS NON MONTÉS.

Les expériences que nous venons de résumer, ne sont pas les seules qui aient été exécutées jusqu'ici. Presque toutes les armées européennes ont actuellement un service de ballons captifs et il est certain que des opérations photographiques ont été tentées. Des expériences ont notamment été faites par les officiers de notre usine aéronautique militaire de Chalais-Meudon; mais les résultats n'en ont pas été publiés et ne sont pas destinés à l'être. Nous ne saurions donc les faire connaître.

En Angleterre, M. le major Eleslade a obtenu, en 1884, à Chatham, des résultats dignes d'être signalés. Cet officier a réalisé des expériences analogues à celles qui ont été faites au moyen de l'appareil panoramique de M. Triboulet. Il a élevé dans l'atmosphère des aérostats captifs, non montés, munis de chambres photographiques automatiques. Dès que le ballon avait atteint une certaine hauteur, l'appareil fonctionnait et la plaque était impressionnée.

Ces expériences, d'après les renseignements donnés par

le correspondant anglais du *Moniteur de la Photographie*, auraient parfaitement réussi.

Dans une des petites épreuves obtenues de cette façon, on aurait pu se faire une idée exacte du nombre de soldats placés à une certaine distance, en comptant, à l'aide d'une loupe, les petits points blancs qui figuraient les casques brillant au soleil.

Vers la fin de l'année dernière, M. Cassé, directeur de l'observatoire Gruby, à Montmartre, a exécuté d'autres expériences du même genre, au moyen d'un petit ballon captif de très faible volume, de 1^{mc} seulement. Ce petit aérostat en baudruche, gonflé d'hydrogène pur, enlevait par temps calme, à 40^m de hauteur, une chambre noire à soufflet, pesant 312^{gr} et construite spécialement par M. Delahogue.

Le déclenchement de l'obturateur, à guillotine, était obtenu à l'aide d'une mèche à temps, brûlant cinq secondes ou plus, suivant sa longueur; une fois le fil brûlé, l'obturateur tombe de lui-même, et une petite banderolle de papier, se détachant en même temps, indique que l'opération est terminée.

M. Cassé a obtenu, à l'observatoire de Montmartre, deux épreuves du moulin de la Galette et de ses environs. Le mode de déclenchement employé est très léger, il permet l'emploi d'aérostats de très petit volume dont le gonflement est peu coûteux, et mérite, en raison de sa simplicité, d'être signalé.

CONCLUSION.

Il résulte des tentatives et des expériences, dont on vient de lire le récit, que la photographie aérienne peut être entreprise par trois procédés différents, au moyen de ballons.

Ces trois procédés sont les suivants :

1° *Photographie en ballon captif, monté par un ou plusieurs aéronautes.* — L'appareil est manié par un opérateur dans la nacelle.

2° *Photographie en ballon captif non monté.* — L'appareil fonctionne automatiquement, soit au moyen d'un électro-aimant, qui déclenche le ressort de l'obturateur, et que l'on fait fonctionner à terre à l'aide d'un fil conducteur se reliant à l'aérostat, soit au moyen de mèches à temps. On pourrait encore se servir de mouvements d'horlogerie analogues à ceux qui fonctionnent dans les réveille-matin. Ce mode d'opérer peut être très économique, puisqu'il permet l'emploi d'aérostats de petit volume. Mais il ne peut être utilisé que par des temps très calmes, les aérostats captifs de petite dimension ne fonctionnant pas convenablement quand il y a du vent.

3° *Photographie en ballon libre.* — Ce mode d'opérer

est, à notre avis, le meilleur puisqu'il permet à l'expérimentateur de faire fonctionner lui-même ses appareils, de choisir le moment favorable et d'attendre que l'aérostat ait passé à la hauteur voulue au-dessus des points intéressants à photographier.

Les expériences faites jusqu'ici n'ont donné que des résultats encore très limités. Il y aurait intérêt à recourir à des appareils panoramiques, qui ne reproduiraient pas seulement une surface resteinte, mais un ensemble complet. Il y a là toute une série d'études à aborder, et toute une suite de belles opérations à réaliser.

Nous espérons que le présent opuscule servira de stimulant aux praticiens, photographes et aéronautes, qui, joignant leurs efforts, pourront assurément fonder cet art tout nouveau de la photographie aérienne.

Quoiqu'il en soit, les expériences dont nous avons donné l'énumération, auront démontré que le ballon se prête admirablement aux opérations photographiques. L'épreuve que nous reproduisons en tête de ce travail montre que les clichés faits dans la nacelle de l'aérostat peuvent être aussi beaux, aussi nets que les meilleurs de ceux que l'on produit à terre. Les procédés instantanés au gélatinobromure ont d'ailleurs absolument transformé l'art photographique, et les opérations, il faut le dire, deviennent très faciles. Grâce au plaques extra-sensibles que l'on prépare aujourd'hui, grâce aux obturateurs rapides dont on peut disposer, nous croyons que la Photographie aérostatique est appelée à un grand avenir. Elle donnera des plans merveilleux, qui dépasseront en précision, en finesse, en

nettcté, les relevés les plus minutieux; elle sera d'un puis-
sant secours pour l'art militaire, puisqu'elle permettra de
prendre sûrement le plan de forteresses ou de travaux
ennemis. A l'altitude de 600ᵐ, un ballon n'a rien à craindre
des feux de l'artillerie, et le photographe dans la nacelle
peut opérer aussi sûrement que dans son atelier (¹). Elle
pourra aussi offrir de précieuses ressources à la Géogra-
phie, en donnant des documents relatifs aux lieux inacces-
sibles par terre, et au-dessus desquels il sera possible de
passer en ballon.

Les appareils panoramiques, fonctionnant simultané-
ment avec des appareils pour les vues en plan, devront
surtout, à notre avis, attirer l'attention des expérimenta-
teurs; ces appareils sont capables de donner, s'ils sont bien
combinés, des résultats d'un grand intérêt, et d'ouvrir en
même temps à l'aéronautique et à la photographie des
applications nouvelles et importantes.

(¹) Des expériences qui ont été faites à Tours, pendant le siège de
Paris, au moyen de ballons captifs, ont démontré que le tir vertical de
bas en haut des fusils Chassepot ne dépassait pas 400ᵐ à 450ᵐ. — Voir
à ce sujet *En ballon pendant le siège de Paris,* par GASTON TISSANDIER.
(Paris, Dentu.)

TABLE DES MATIÈRES.

		Pages.
Préface	....	V
I.	Premières expériences de M. Nadar, 1858 à 1868	1
II.	La photographie en ballon pendant la guerre d'Amérique, en 1862	7
III.	Expériences de M. Dagron dans l'aérostat captif de M. Henri Giffard, en 1878	11
IV.	L'ascension photographique d'Arcueil-Cachan (8 Juin 1879)	13
V.	Expériences de M. Paul Desmarets en ballon libre, en 1880	15
VI.	Expériences de M. C. V. Shadbolt en Angleterre, en 1883	19
VII.	L'appareil panoramique de M. Triboulet, pour ballon non monté, en 1884	23
VIII.	Expériences de MM. Gaston Tissandier et Jacques Ducom, le 19 Juin 1885	29
IX.	Expériences de M. Pinard, à Nantes, le 14 juillet 1885	37
X.	Expériences de M. A. Weddel, à Paris, le 12 octobre 1885	39
XI.	Expériences diverses en ballons libres et en ballons captifs non montés	41
Conclusion	....	43

APPENDICE.

EXPÉRIENCES DE MM. LES CAPITAINES CH. ET P. RENARD ET GEORGET EN 1885, ET DE MM. A. ET G. TISSANDIER ET PAUL NADAR EN 1886.

Nous avons cité précédemment (p. 41) les expériences de photographie en ballon exécutées à l'établissement d'aérostation militaire de Chalais-Meudon, en disant que les résultats obtenus n'avaient pas été publiés. Cette affirmation a cessé d'être exacte alors que le présent travail était sous presse. M. le commandant Renard a exposé à la Société de Physique, pendant la semaine de Pâques, les épreuves très remarquables qui ont été obtenues peu de temps après les expériences que nous avons exécutées en juin 1885.

L'ascension a eu lieu des ateliers de Chalais-Meudon, le 18 juillet de la même année. Le ballon était monté par MM. les capitaines du génie Ch. et P. Renard, et Georget, ce dernier chargé des opérations photographiques. L'une des plus remarquables photographies obtenues est celle qui a été faite lorsque l'aérostat planait à 720^m au-dessus de l'École Polytechnique, à Paris, à 10^h 17^m du matin. La vue en perspective est digne d'être signalée ; elle s'étend depuis le Panthéon, au premier plan, jusqu'au delà du Sénat et du jardin du Luxembourg. La rue Soufflot et les quartiers avoisinants se distinguent avec beaucoup plus de finesse dans les détails.

Les savants officiers ont obtenu d'autre part quelques bons clichés de vues prises au-dessus de la campagne, dans le voisinage de Paris.

Depuis cette époque, nous avons entrepris, mon frère et moi, de poursuivre ces intéressants essais de Photographie aérienne et, voulant ne rien négliger pour obtenir des résultats aussi satisfaisants que le comporte l'état actuel de l'art photographique, nous avons résolu de confier le soin des opérations à un praticien d'une habileté reconnue. Nous ne pouvions mieux faire que de nous adresser à M. Paul Nadar, heureux d'offrir l'hospitalité dans la nacelle de notre ballon *le Commandant Rivière*, au fils de celui qui avait déjà fait, il y a plus de vingt-huit ans, avec autant d'ardeur que de persévérance, les premiers essais de Photographie aérienne.

L'ascension a eu lieu le 2 juillet 1886, de notre atelier d'Auteuil, à 1^h 20^m. La descente a été opérée à 7^h 10^m du soir, à Ségrie, dans le département de la Sarthe, après un parcours de 180^{km} environ. L'altitude maxima n'a pas dépassé 1700^m.

Pendant ce voyage de presque six heures de durée, M. P. Nadar n'a pas exécuté moins de trente photographies instantanées. Parmi celles-ci, il y en a une douzaine qui constituent incontestablement la plus belle série

Fig. 9.

Ascension de MM. Albert et Gaston Tissandier et Paul Nadar, ce dernier chargé des opérations photographiques.
Vue partielle de Sèvres et de la route de Versailles. — 1^h27^m, le 2 juillet 1886, altitude, 800^m

d'épreuves qui aient été obtenues jusqu'ici en ballon. Nous citerons les plus remarquables d'entre elles :

Deux vues de Versailles, montrant en plan le château et les jardins, à 800^m d'altitude.

Une vue de Sèvres au-delà de la Manufacture de porcelaine. Cette vue, qui est reproduite ci-contre par l'Héliogravure (procédé de M. Petit), montre une portion de la route de Versailles, prise à 800^m d'altitude ([1]). Le détail des maisons et des jardins est sur l'épreuve d'une netteté parfaite, que font malheureusement perdre en partie les procédés de reproductions typographiques, si bien exécutés qu'ils soient.

Une vue prise en face de l'étang de Trappes, à 1147^m d'altitude.

Une vue d'un quartier de la ville de Bellême dans l'Orne (quartier Saint-Pierre), à 1100^m d'altitude.

Plusieurs vues perspectives de la petite ville de Saint-Remy (Sarthe) et des environs.

Ces dernières vues, dont quelques-unes ont été prises à 1200^m d'altitude, représentent une surface considérable, et n'en sont pas moins très nettes dans tous leurs détails. Il ne nous a malheureusement pas été possible de songer à en donner des spécimens : la gravure aurait détruit leur finesse. Ces photographies ont été faites avec l'appareil placé dans des positions différentes, sur le bord de la nacelle, tantôt dans une situation voisine de la verticale,

---

([1]) Ce cliché a été précédemment publié dans le journal *La Nature*.

tantôt incliné de manière à former, avec la ligne de l'horizon, un angle variant de 25° à 45°.

Dans une seconde ascension, exécutée la semaine suivante, M. P. Nadar a encore obtenu trois bonnes vues des bords de la Marne, de Champigny et du parc de Saint-Maur.

Toutes les glaces, au gélatinobromure, ont été impressionnées à l'aide d'un obturateur instantané; le temps de pose, de $\frac{1}{250}$ de seconde, a été mesuré exactement au moyen d'un ingénieux appareil, que M. Nadar a fait construire à MM. Richard frères, d'après les indications de M. le professeur Marey.

Nous ajouterons que M. Nadar a soumis ses clichés à à des agrandissements, obtenus avec le nouveau papier Eastmann, dont les épreuves offrent un aspect des plus remarquables.

Par la finesse de leurs détails et par l'exactitude de leur ensemble, ces agrandissements font comprendre toutes les ressources que la Science doit pouvoir emprunter à la Photographie en ballon, dont la perfection ne laisse plus de doute aujourd'hui.

TABLE DES MATIÈRES.

                                                                      Pages.

Préface..................................   v

I.   — Premières expériences de M. Nadar, 1858 à 1868.........   1

II.   — La photographie en ballon pendant la guerre d'Amérique,
             en 1862.........   7

III.   — Expériences de M. Dagron dans l'aérostat captif de M. Henri
             Giffard, en 1878.................................   11

IV.   — L'ascension photographique d'Arcueil-Cachan (8 Juin 1879).   13

V.   — Expériences de M. Paul Desmarets en ballon libre, en 1880.   15

VI.   — Expériences de M. C. V. Shadbolt en Angleterre, en 1883.   19

VII.   — L'appareil panoramique de M. Triboulet, pour ballon non
             monté, en 1884.......   23

VIII.   — Expériences de MM. Gaston Tissandier et Jacques Ducom,
             le 19 Juin 1885.................................   29

IX.   — Expériences de M. Pinard, à Nantes, le 14 juillet 1885....   37

X.   — Expériences de M. A. Weddell, à Paris, le 12 octobre 1885.   39

XI.   — Expériences diverses en ballons libres ou en ballons captifs
             non montés................................   41

Conclusion.........   43

Appendice. — Expériences de MM. les capitaines Ch. et P. Renard
             et Georget en 1885, et MM. A. et G. Tissandier et
             Paul Nadar en 1886.........   47